Le monde merveilleux des animaux en photos

LES BÉBÉS ANIMAUX

Le monde merveilleux des animaux en photos

LES BÉBÉS ANIMAUX

Piccolia

Recherche photographique : Brandi Valenza

5, rue d'Alembert
91240 Saint-Michel-Sur-Orge
Dépôt légal : 3ème trimestre 2008
Loi n°49-956 du 16 juillet 1949 sur les publications
destinées à la jeunesse.
Imprimé à Singapour.

Qu'ils vivent dans les arbres, sur la terre ferme ou au fond des océans, les animaux sont partout. Ils naissent d'un œuf ou du ventre de leur mère, peuvent être enfants uniques ou avoir une multitude de frères et de sœurs. Certains viennent au monde dans des terriers, d'autres dans des nids ou encore dans la poche ventrale de leur mère.

Certaines espèces sont de bons parents : ils nourrissent leurs petits, les toilettent et leur apprennent à devenir autonomes. D'autres animaux au contraire laissent leurs petits naître seuls et les abandonnent à leur sort.

Comme tu le verras, les mammifères s'occupent généralement de leurs petits avec beaucoup d'attention : ils les câlinent, jouent avec eux et leur font découvrir petit à petit l'environnement qui les entoure.

Un cerf à queue blanche peut mesurer près de 2 m de long et 1 m de haut. Adulte, il est brun et seul le mâle porte des bois. À la naissance, le faon est brun à taches blanches, un pelage idéal pour se cacher dans la forêt !

Quelques semaines après leur naissance, les bébés du raton laveur, de l'ours noir et du singe écureuil grimpent déjà dans les arbres avec beaucoup d'agilité.

Ces renardeaux roux
ont un pelage de la
même couleur que
cette vieille souche
d'arbre. Pratique pour
passer inaperçus !

Alors que le bébé de la loutre géante fait une bonne sieste, les lapereaux pointent le bout de leur nez hors du terrier pour voir ce qui s'y passe.

Pendant que l'ourson noir et le louveteau gris admirent le paysage qui les entoure, le bébé chien de prairie joue avec sa maman.

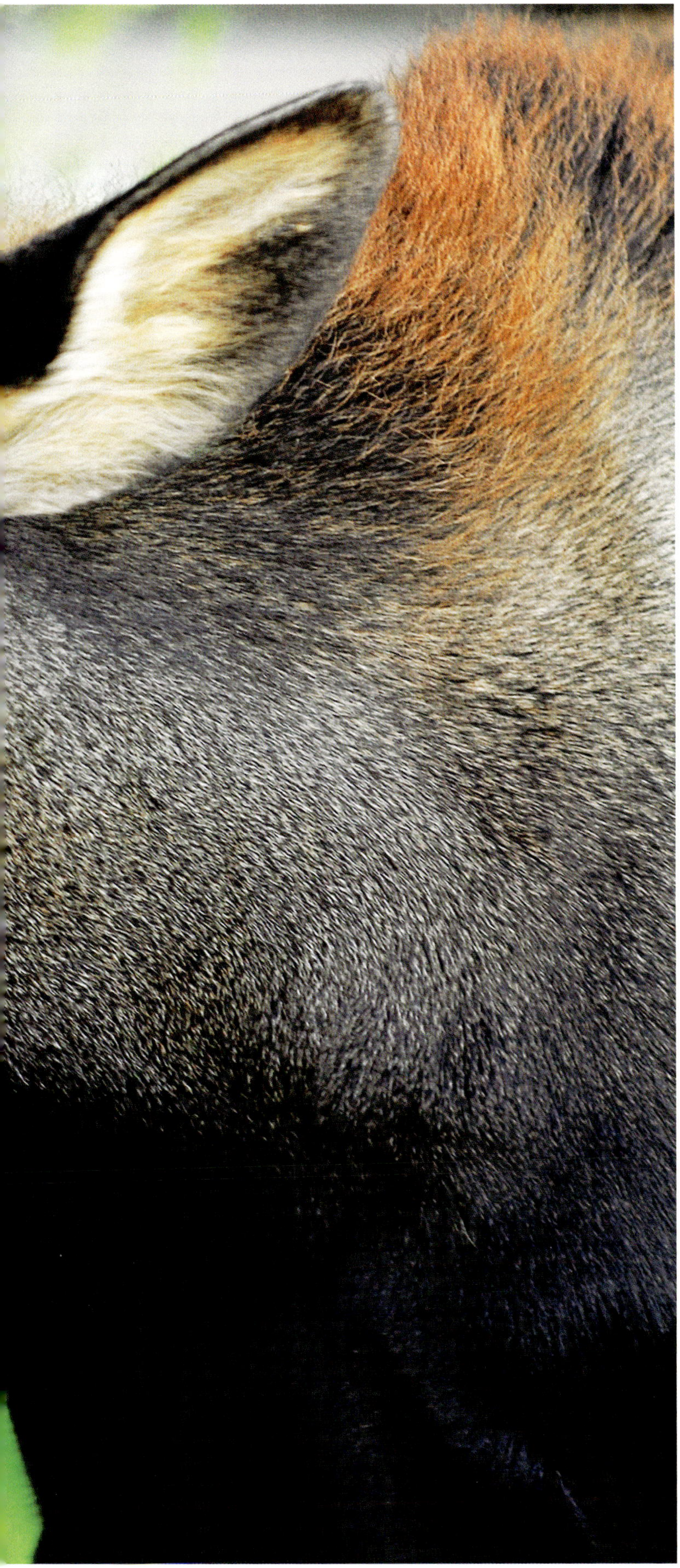

À la naissance, le petit élan européen ne pèse que 15 kg mais il grandit très vite. Dès qu'il se sent en danger, ses longues pattes lui permettent de fuir à toute vitesse.

Les poulains et les bébés antilopes et alpagas ont également de longues pattes qui paraissent fragiles, mais sont en réalité très puissantes quand il s'agit de déguerpir.

Les bébés animaux, comme ces petits cygnes, ce poulain et ces porcelets, savent que le meilleur moyen d'être en sécurité est de rester près de leur maman.

Ces petits perroquets du Gabon ne savent pas encore voler et doivent attendre la becquée de leurs parents. Plus tard, quand leurs plumes auront bien poussé, les parents leur apprendront à se servir de leurs ailes pour quitter le nid.

Alors que la jeune perruche calopsitte réclame sa becquée à cor et à cri, le bébé vautour et la jeune chouette effraie des clochers attendent le retour de leurs parents patiemment.

À la naissance, le bébé du panda géant est aveugle et ne pèse pas plus de 150 g. Grâce aux soins attentionnés de sa mère, il prend très vite du poids et devient un beau petit ourson comme celui-ci. Mais, au fait, où est sa maman ?

Ah ! elle est ici ! C'est l'heure du câlin ! Pour se déplacer dans les arbres, le bébé koala s'accroche au dos de sa mère. Pratique, non ? Mais qu'attend donc ce porcelet ?

Les bébés des kangourous, des wallabys et des wombats vivent dans la poche de leur mère. Celle-ci n'est donc jamais très loin.

Ce bébé phoque est gris clair. À l'âge de deux mois, il muera et son pelage deviendra imperméable à l'eau. Le petit sera alors gris foncé, comme sa mère, et il pourra nager avec elle !

Les bébés orques, bélougas et dauphins savent nager à la naissance. Mais les mamans doivent leur apprendre à respirer : elles les emmènent alors à la surface.

Les tortues marines naissent sur une plage. Comme les otaries et les manchots, elles vivent dans l'eau. Mais elles reviennent toujours là où elles sont nées pour pondre leurs œufs.

Dès que la maman crocodile entend des pépiements à l'intérieur des œufs, elle les déterre. Elle saisit délicatement les œufs entre ses mâchoires pour briser les coquilles. Puis, elle prend ses petits dans sa gueule pour les emmener dans l'eau. Les jeunes crocodiles resteront avec leur mère près d'un an.

Les dragons d'eau, les iguanes et de nombreux serpents naissent dans des œufs. Après éclosion, les petits doivent se débrouiller seuls, sans l'aide des parents.

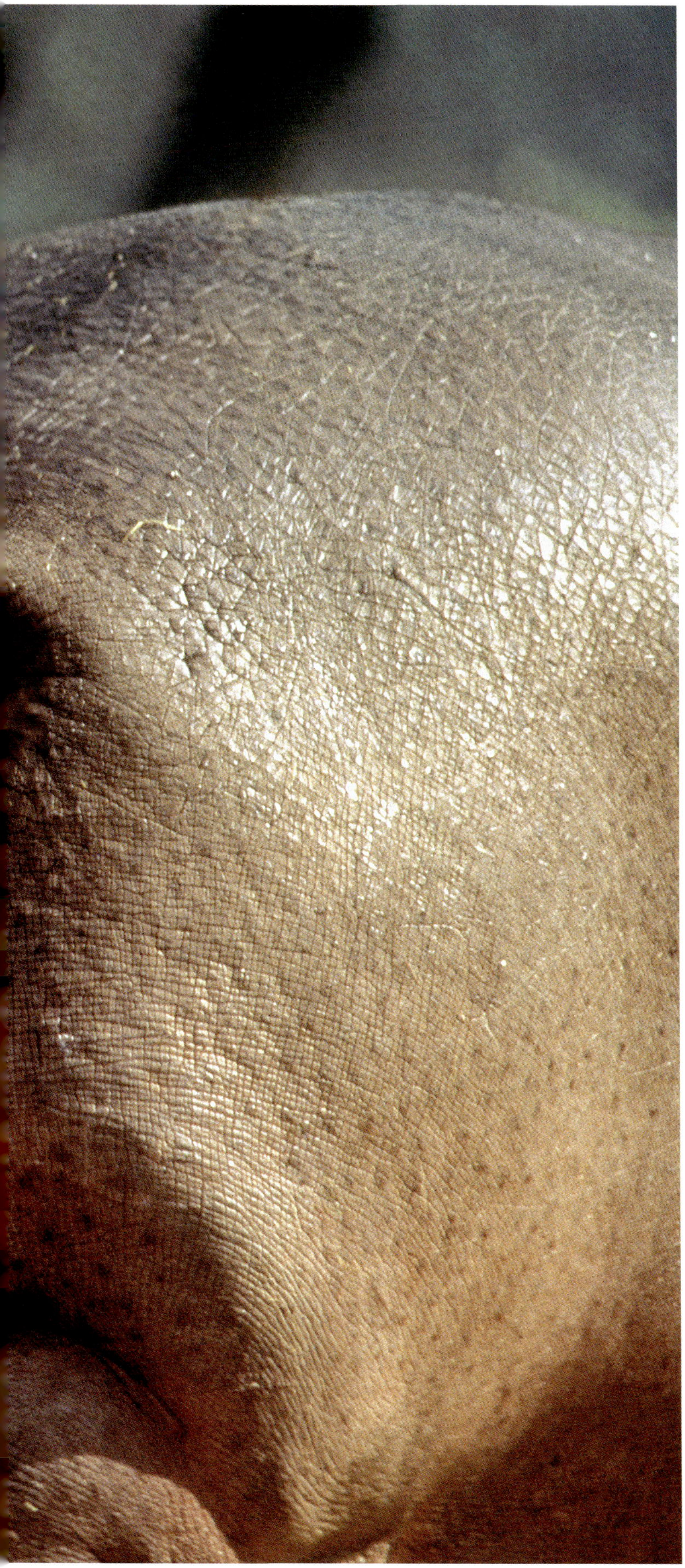

La maman hippopotame donne naissance à un seul petit, qu'elle allaite pendant plus d'un an. Attention à ne pas trop s'approcher car les parents sont très agressifs quand ils sentent une menace peser sur leur petit !

Comme les hippopotames, les girafes, les singes écureuils et les zèbres n'ont qu'un seul bébé à la fois.

Le suricate vit en colonies dans des terriers. Cette femelle allaite tranquillement ses bébés : elle n'a aucun souci à se faire car elle sait qu'un membre de son groupe surveille les alentours. Le suricate chargé de faire le guet se met sur les pattes arrière et pousse des cris pour prévenir les autres en cas de danger. Tout le monde rentre alors au terrier en une seconde !

Si les bébés animaux, tels que cette jeune hyène et ce bébé tigre, sont joueurs, ils reviennent vite se blottir contre leur mère, à l'image de ce lémur catta...

… de ce petit babouin et de ce girafon.

Ce lionceau n'a pas l'air content ! À moins qu'il ne soit en train de bâiller, fatigué d'avoir joué !

Les orangs-outangs
vivent aux côtés de leur
mère plus longtemps
que n'importe quel
autre animal…

Qu'ils soient jeunes macaques, lionceaux ou marcassins, les bébés animaux ont tout à apprendre de leurs parents…

… il y a tellement
de choses à voir et
à explorer !

Alors, comme ce
chaton margay,
autant commencer
tout de suite !

Bébé babouin chacma
Afrique du Sud

Bébé hérisson africain
Afrique centrale

Jeune wallaby à nuque rouge
Australie

Faon à queue blanche
Amérique du Nord et du Sud

Bébé raton laveur
Amérique du Nord

Ourson noir américain
Amérique du Nord

Bébé singe écureuil
Pérou, Brésil et Bolivie

Renardeau roux
Amérique du Nord, Europe, certaines parties de l'Asie

Bébé loutre géante
Amérique du Sud

Lapereau européen
Sud de l'Europe

Lapereau européen
Sud de l'Europe

Ourson noir américain
Amérique du Nord

Louveteau gris
Parties d'Amérique du Nord, d'Europe et d'Asie

Bébé chien de prairie sauvage
Amérique du Nord

Jeune élan européen
Hémisphère nord

Poulain welsh mountain sauvage
Pays de Galles

Bébé antilope
Asie et Afrique

Jeune alpaga cria
Amérique du Sud

Jeunes cygnes muets
Europe et ouest de l'Asie

Poulain Welsh alezan
Pays de Galles

Porcelets communs
Europe et Asie

Poussins de perroquet du Gabon
Afrique

Jeune perruche callopsitte
Australie

Jeune vautour royal
Nord du Mexique et de l'Argentine

Jeune effraie des clochers
Partout dans le monde sauf l'Antarctique

Jeune panda géant
Chine centrale et de l'Ouest

Porcelet ventru vietnamien
Viêtnam

Jeune panda géant
Chine centrale et de l'Ouest

Jeune koala
Australie

Jeune wallaby à nuque rouge
Australie

Jeune kangourou gris
Australie

Jeune wombat à nez poilu
Australie

Bébé phoque gris
Côtes de l'Atlantique Nord

Bébé orque
Tous les océans

Jeune dauphin à gros nez
Tous les océans sauf l'Arctique et l'Antarctique

Jeune béluga
Océans Arctique et subarctique

Jeune otarie à fourrure du Cap
Afrique du Sud

Jeune tortue marine verte
Tous les océans sauf l'Arctique

Poussin de manchot empereur
Antarctique

Jeune crocodile
Régions tropicales et subtropicales

Jeune dragon d'eau
Asie du Sud-Est et Australie

Jeune python vert
Nouvelle Guinée, Indonésie et Australie

Jeune iguane vert
Amérique centrale et du Sud

Jeune hippopotame
Afrique subsaharienne

Jeune girafe nubienne
Est du Soudan, nord-est du Congo

Bébé singe écureuil
Pérou, Brésil et Bolivie

Poulain zèbre des plaines
Afrique du Sud et de l'Est

Jeune suricate à queue mince
Sud du Botswana et Afrique du Sud

Jeune hyène tachetée
Afrique

Bébé tigre du Bengale
Inde, Asie du Sud-Est

Jeune lémur catta
Madagascar

Bébé babouin jaune
Afrique de l'Est

Lionceau africain
Afrique

Jeune girafe nubienne
Est du Soudan, nord-est du Congo

Bébé orang-outang
Indonésie et Malaisie

Bébé macaque
Afrique du Nord et Asie

Lionceau africain
Afrique

Marcassin
Europe, Asie et Afrique du Nord

Jeune lémur catta
Madagascar

Renardeau roux
Amérique du Nord, Europe et parties de l'Asie

Lionceau africain
Afrique

Chaton margay
Amérique centrale et du Sud

Jeune gorille des montagnes
Afrique centrale

Crédits photographiques

Légende : DT = Dreamstime ; iSP = iStockphoto ; LO = Lucky Oliver ; SST = Shutterstock

2 DT ; **5** iSP ; **6** SST ; **9** iSP ; **10** iSP ; **11** haut DT, bas SST ; **13** SST ; **14** haut DT, bas LO ; **15** iSP ; **16** haut DT, bas iSP ; **17** iSP ; **18** DT ; **20** DT ; **21** haut DT, bas DT ; **22** SST ; **23** haut DT, **23** bas iSP ; **24** SST ; **26** DT ; **27** haut DT, bas iSP ; **28** SST ; **30** haut DT, bas iSP ; **31** SST ; **32** iSP ; **33** haut DT, bas SST ; **34** SST ; **36** haut DT, bas iSP ; **37** SST ; **38** haut DT, bas DT ; **39** DT ; **41** DT ; **42** DT ; **43** haut DT, bas LO ; **44** DT ; **46** DT ; **47** haut DT, bas DT ; **49** DT ; **50** DT ; **50** iSP ; **51** DT ; **52** DT ; **53** haut DT, bas DT ; **54** DT ; **56** DT ; **57** haut DT, bas DT ; **58** haut DT, bas DT ; **59** DT ; **61** DT ; **64** DT